Impressum
Verlag: BABADADA GmbH, Nedderfeld 112 , 22529 Hamburg
Geschäftsführer / Verlagsleitung: Harald Hof
Druck: Books on Demand GmbH, In de Tarpen 42, 22848 Norderstedt

Imprint
Publisher: BABADADA GmbH, Nedderfeld 112 , 22529 Hamburg, Germany
Managing Director / Publishing direction: Harald Hof
Print: Books on Demand GmbH, In de Tarpen 42, 22848 Norderstedt, Germany

škola

学校

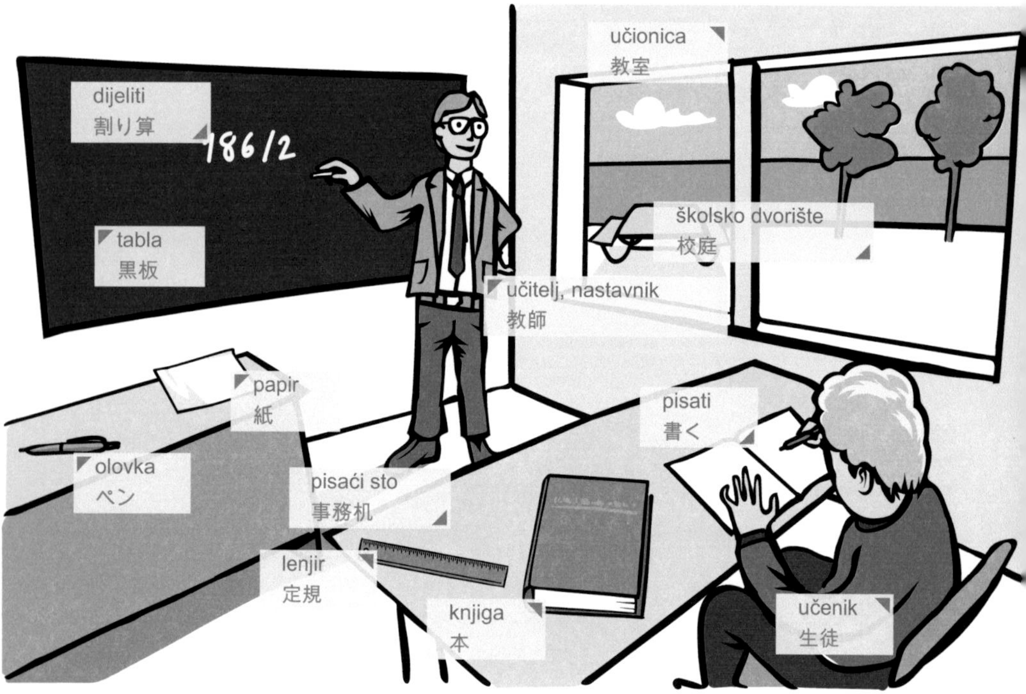

učionica
教室
dijeliti
割り算
186/2
tabla
黒板
školsko dvorište
校庭
učitelj, nastavnik
教師
papir
紙
pisati
書く
olovka
ペン
pisaći sto
事務机
lenjir
定規
knjiga
本
učenik
生徒

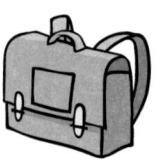

torba

ランドセル

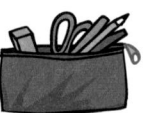

pernica

筆入れ

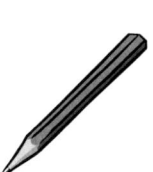

drvena olovka

鉛筆

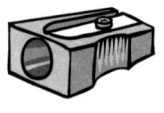

šiljalo za olovke

鉛筆削り

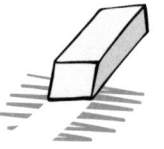

gumica

消しゴム

blok za crtanje

スケッチブック

crtež

スケッチ

kist

絵筆

kutija s bojama

絵の具箱

makaze

はさみ

ljepilo

接着剤

vježbanka

練習帳

domaća zadaća

宿題

broj

数

sabirati

足し算

oduzimati

引き算

množiti

かけ算

računati

計算する

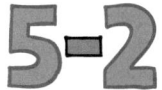

slovo

文字

abeceda

アルファベット

riječ

単語

tekst

テキスト

čitati

読む

kreda

チョーク

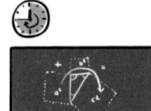

sat

授業

školski dnevnik

学級日誌

ispit

試験

svjedočanstvo

通知表

školska uniforma

制服

izobrazba

教育

leksikon

百科事典

univerzitet

大学

mikroskop

顕微鏡

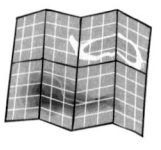

karta

地図

korpa za papir

ごみ箱

putovanje
旅行

hotel
ホテル
Grand
hostel
ホステル
ROOMS
mjenjačnica
両替所
kofer
スーツケース
auto
自動車

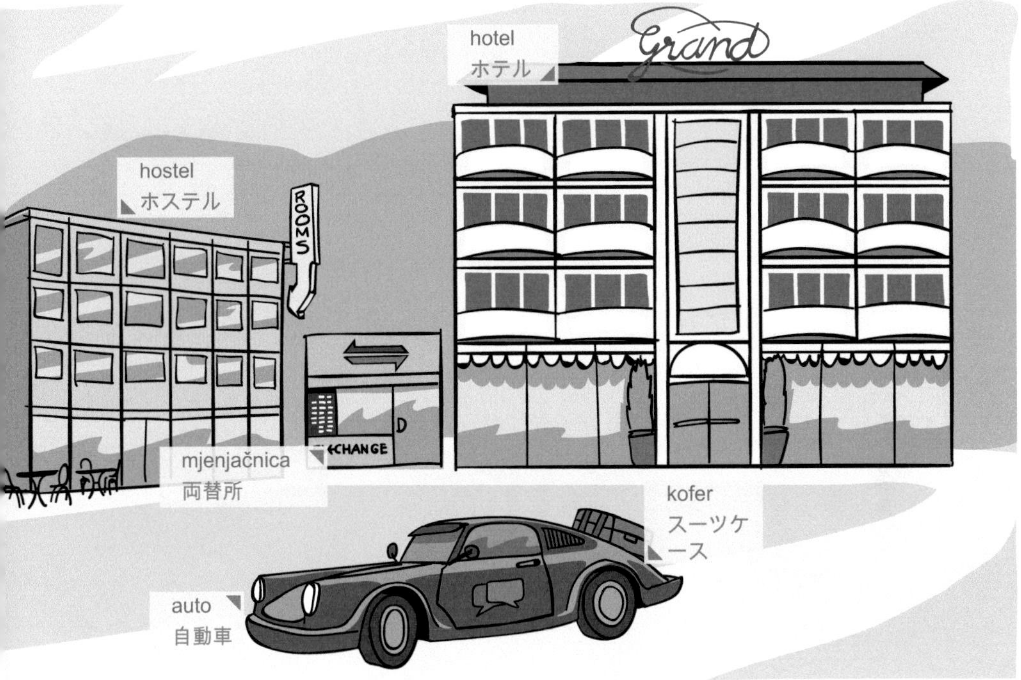

jezik
言語

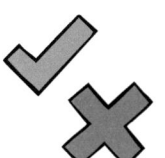

da / ne
はい / いいえ

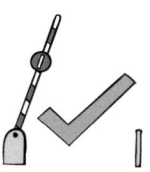

okej
問題ない

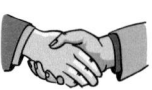

zdravo
ハロー

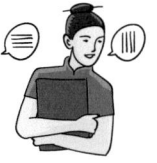

tumač
翻訳者

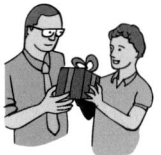

hvala
ありがとう

Koliko košta...?

...はいくらですか？

Ne razumijem

わかりません

problem

問題

dobro veče!

こんばんは！

Dobro jutro!

おはようございます！

Laku noć!

おやすみなさい！

doviđenja

さようなら

smjer

方向

prtljag

手荷物

torba

バッグ

ruksak

リュックサック

gost

お客様

soba

部屋

vreća za spavanje

寝袋

šator

テント

turističke informacije

旅行者情報

plaža

ビーチ

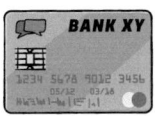

kreditna kartica

クレジットカード

doručak

朝食

ručak

昼食

večera

夕食

putna karta

チケット

lift

エレベーター

poštanska markica

スタンプ

granica

境界

carina

税関

ambasada

大使館

viza

ビザ

pasoš

パスポート

transport
輸送

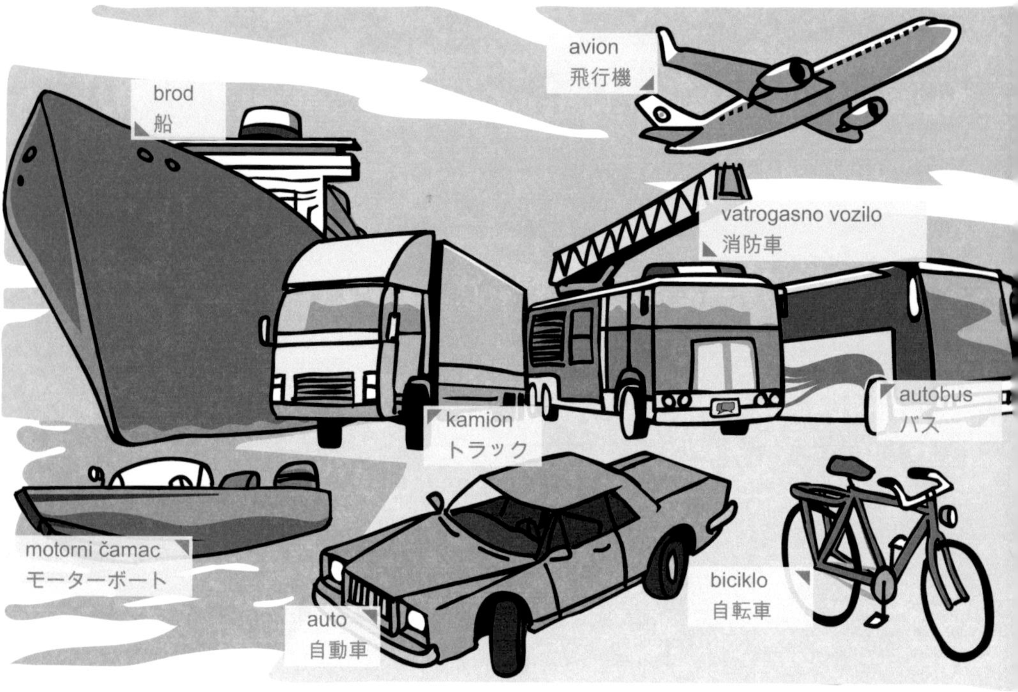

avion
飛行機
brod
船
vatrogasno vozilo
消防車
autobus
バス
kamion
トラック
motorni čamac
モーターボート
biciklo
自転車
auto
自動車

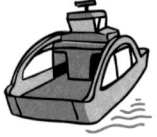

trajekt

フェリー

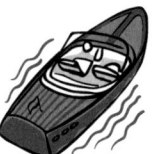

brod

ボート

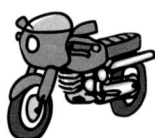

motocikl

バイク

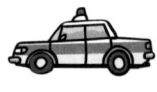

policijski automobil

パトカー

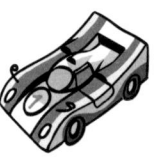

trkaći automobil

レーシングカー

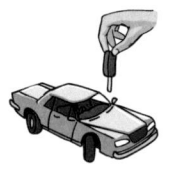

unajmljeni automobil

レンタカー

kar-šering

カーシェアリング

pauk

レッカー車

smećarsko vozilo

ごみ収集車

motor

モーター

gorivo

燃料

benzinska pumpa

ガソリンスタンド

saobraćajni znak

交通標識

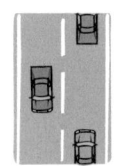

saobraćaj

交通

zastoj

渋滞

parking

駐車場

željeznička stanica

駅

šine

道

voz

列車

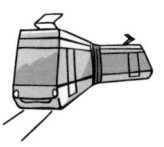

tramvaj

路面電車

vagon

車両

helikopter

ヘリコプター

aerodrom

空港

toranj

タワー

putnik

乗客

kontejner

コンテナ

karton

段ボール箱

tačke

カート

korpa

カゴ

poletjeti / sletjeti

離陸 / 着陸

grad
都市

selo

村

centar grada

都心

kuća

家

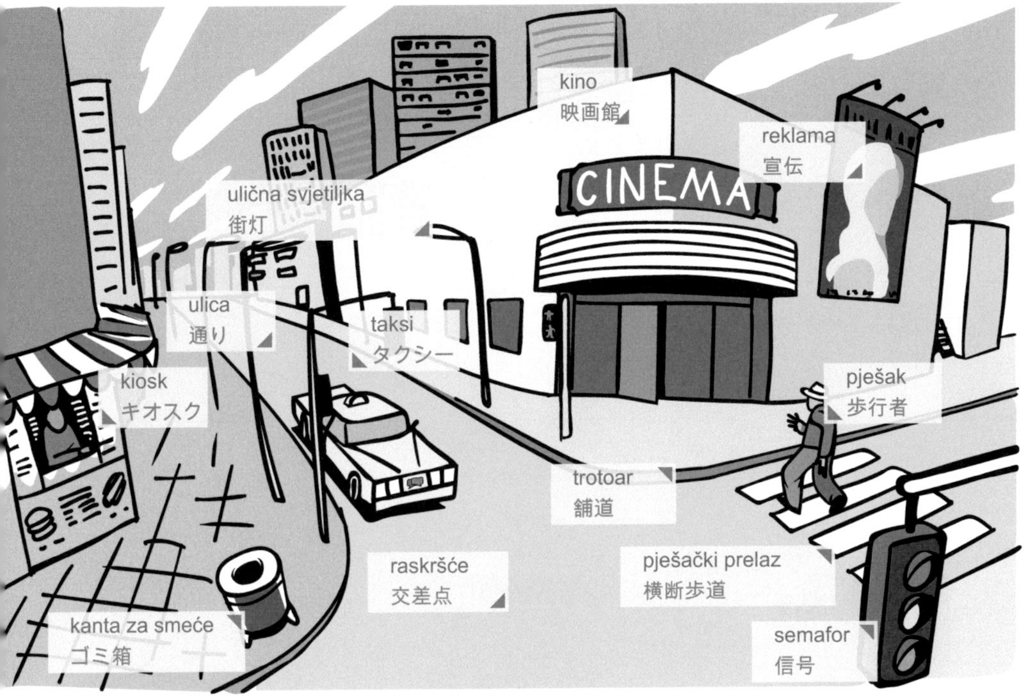

kino
映画館
reklama
宣伝
CINEMA
ulična svjetiljka
街灯
ulica
通り
taksi
タクシー
kiosk
キオスク
pješak
歩行者
trotoar
舗道
raskršće
交差点
pješački prelaz
横断歩道
kanta za smeće
ゴミ箱
semafor
信号

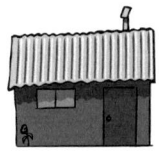

koliba

小屋

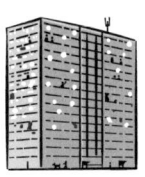

stan

アパート

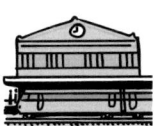

željeznička stanica

駅

vjećnica

市役所

MUSEUM

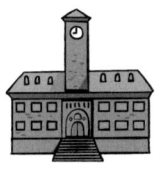

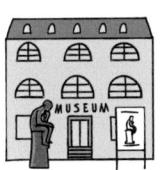

muzej

美術館

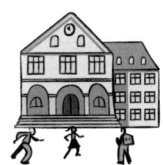

škola

学校

univerzitet

大学

banka

銀行

bolnica

病院

hotel

ホテル

apoteka

薬局

ured

オフィス

knjižara

書店

radnja

ショップ

cvjećara

花屋

supermarket

スーパーマーケット

pijaca

市場

robna kuća

デパート

prodavač ribe

魚屋

trgovački centar

ショッピングセンター

luka

港

park

公園

klupa

ベンチ

most

橋

stepenice

階段

podzemna željeznica

地下鉄

tunel

トンネル

autobuska stanica

バス停

bar

バー

restoran

レストラン

poštanski sandučić

ポスト

saobraćajni znak

道路標識

sat za naplatu parkinga

パーキングメーター

zoološki vrt

動物園

bazen

スイミングプール

džamija

モスク

seosko imanje

農場

zagađenje okoline

汚染

groblje

墓地

crkva

教会

igralište

遊び場

hram

寺

krajolik
風景

list
葉

putokaz
道標

putokaz
道

livada
草地

kamen
石

drvo
木

putnik
ハイカー

rijeka
川

trava
草

cvijet
花

dolina

谷

brdo

山

jezero

湖

šuma

森

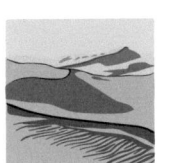

pustinja

砂漠

vulkan

火山

dvorac

城

duga

虹

gljiva

キノコ

palma

ヤシの木

komarac

蚊

muha

ハエ

mrav

蟻

pčela

ミツバチ

pauk

クモ

krajolik - 風景

buba

カブトムシ

žaba

蛙

vjeverica

リス

jež

ハリネズミ

zec

ウサギ

sova

フクロウ

ptica

鳥

labud

白鳥

divlja svinja

雄豚

jelen

鹿

los

ヘラジカ

brana

ダム

vjetrenjača

風力タービン

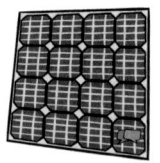

solarni modul

ソーラーパネル

klima

気候

krajolik - 風景

restoran
レストラン

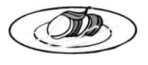

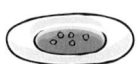

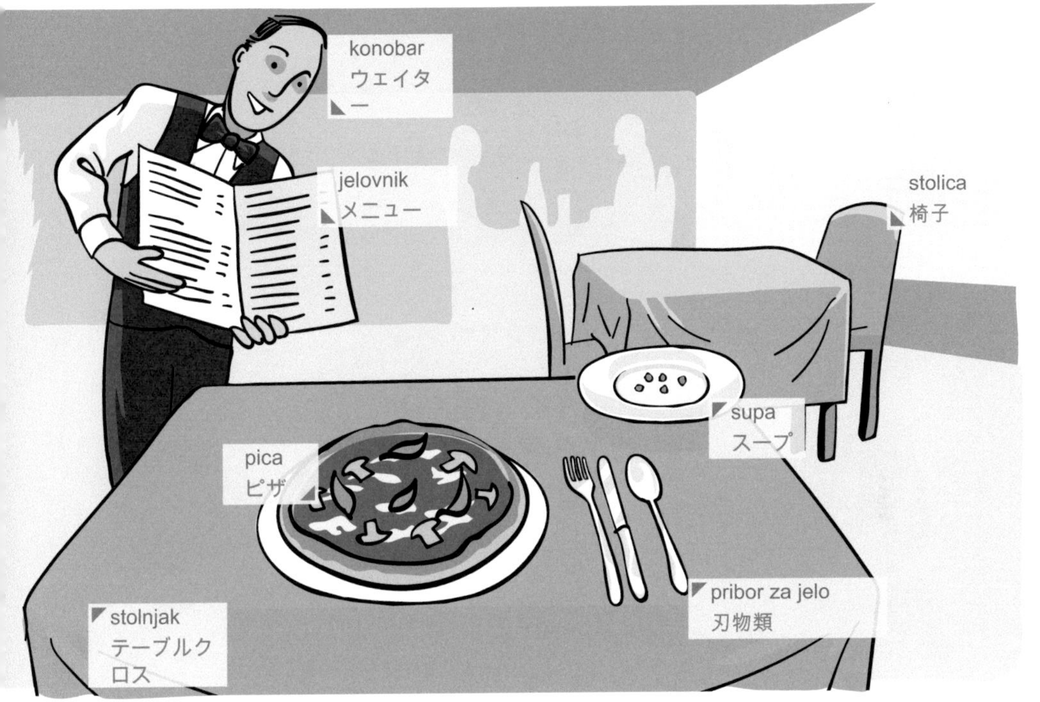

konobar
ウェイター
jelovnik
メニュー
stolica
椅子
supa
スープ
pica
ピザ
pribor za jelo
刃物類
stolnjak
テーブルクロス

predjelo

前菜

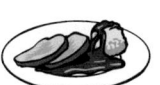

glavno jelo

メインコース

desert

デザート

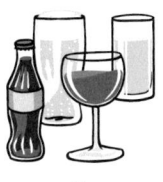

piće

飲み物

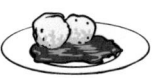

jelo

食べ物

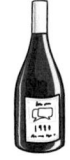

flaša

ボトル

brza hrana

ファストフード

jelo sa ulice

屋台の食べ物

čajnik

ティーポット

šećernica

砂糖入れ

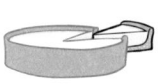

porcija

一人前

mašina za espreso

エスプレッソマシン

barska stolica

幼児用食事椅子

račun

請求書

tacna

トレー

nož

ナイフ

viljuška

フォーク

kašika

スプーン

kašičica

ティースプーン

salveta

ナプキン

čaša

グラス

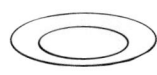

tanjir

皿

tanjir za supu

スープ皿

tanjurić

受け皿

sos

ソース

solanik

塩入れ

mlin za biber

ペッパーミル

sirće

酢

ulje

油

začini

スパイス

kečap

ケチャップ

senf

マスタード

majoneza

マヨネーズ

supermarket
スーパーマーケット

ponuda
特価品
klijent
顧客
mliječni proizvodi
乳製品
voće
果物
kolica za kupovinu
ショッピング・カート
FOR

BUTCHERS

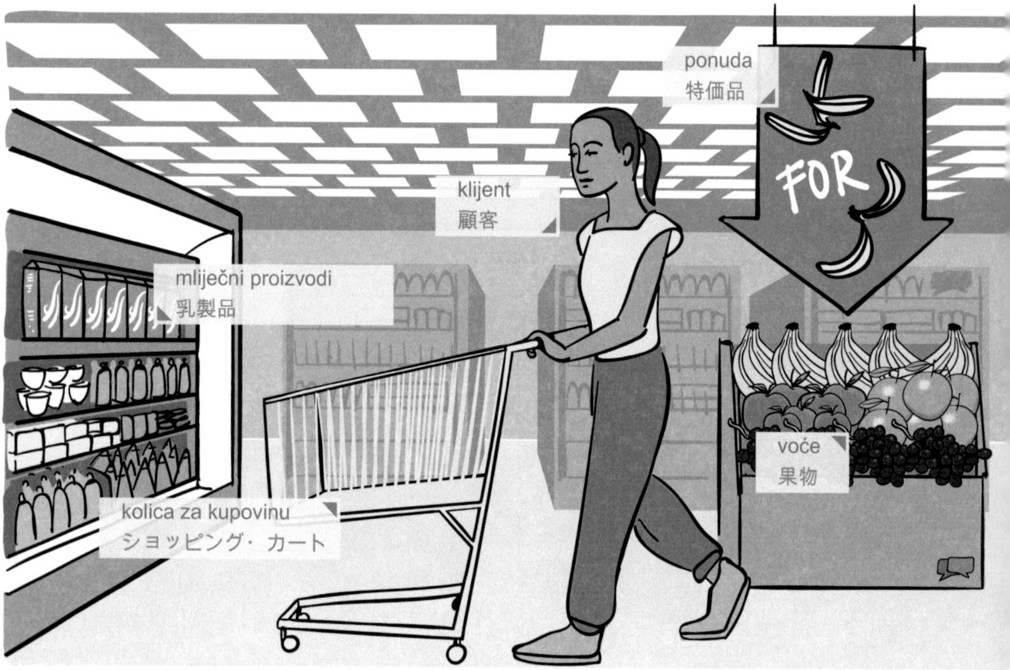

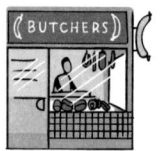

mesnica- klaonica
肉屋

BAKERY

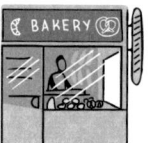

pekara
パン屋

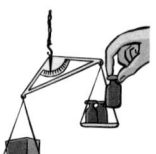

vagati
重さをはかる

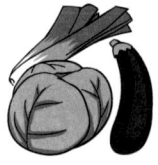

povrće
野菜

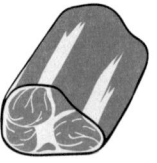

meso
肉

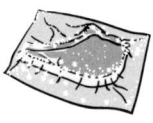

zaleđena hrana
冷凍食品

narezak

冷肉の薄切り

konzerve

缶詰食品

prašak za veš

洗剤

slatkiši

菓子

kućanski proizvodi

家庭用品

sredstvo za čišćenje

清掃用品

prodavačica

販売員

kasa

現金箱

blagajnik

レジ係

lista za kupovinu

買い物リスト

radno vrijeme

開館時刻

novčanik

財布

kreditna kartica

クレジットカード

torba

バッグ

najlonska vrećica

ポリ袋

voda

水

sok

ジュース

mlijeko

牛乳

kola

コーラ

vino

ワイン

pivo

ビール

alkohol

アルコール

kakao

ココア

čaj

紅茶

kafa

コーヒー

espreso

エスプレッソ

kapućino

カプチーノ

banana

バナナ

jabuka

リンゴ

narandža

オレンジ

lubenica

メロン

limun

レモン

mrkva

ニンジン

bijeli luk

ニンニク

bambus

竹

crveni luk

玉ねぎ

gljiva

キノコ

orašasti plodovi

ナッツ

pasta

ヌードル

špagete

スパゲッティ

riža

米

salata

サラダ

pomfrit

フライドポテト

pečeni krompir

フライドポテト

pica

ピザ

hamburger

ハンバーガー

sendvič

サンドウィッチ

šnicla

カツレツ

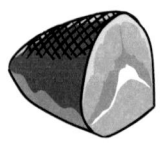

šunka

ハム

kobasica

サラミ

kobasica

ソーセージ

kokoš

鶏肉

pečenje

焼き

riba

魚

zobene pahuljice

麦のお粥

muzli

ムーズリ

kornfleks

コーンフレーク

brašno

小麦粉

kroason

クロワッサン

zemičke

ロールパン

kruh

パン

tost

トースト

keksi

ビスケット

maslac

バター

svježi sir

カッテージチーズ

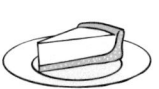

kolač

ケーキ

jaje

卵

jaje na oko

目玉焼き

sir

チーズ

sladoled

アイスクリーム

šećer

砂糖

med

はちみつ

marmelada

ジャム

nugat krema

ヌガークリーム

kuri

カレー

seosko imanje
農場

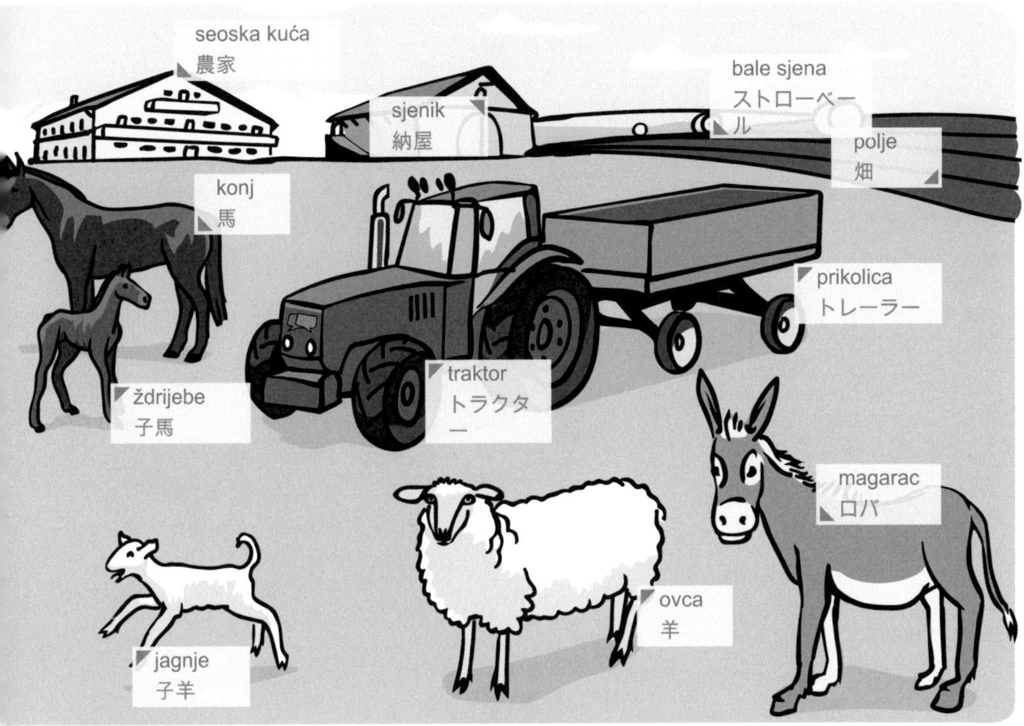

seoska kuća
農家
sjenik
納屋
bale sjena
ストローベール
polje
畑
konj
馬
prikolica
トレーラー
ždrijebe
子馬
traktor
トラクター
magarac
ロバ
ovca
羊
jagnje
子羊

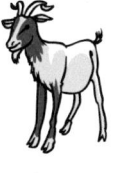

koza

ヤギ

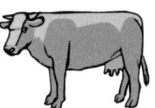

krava

雌牛

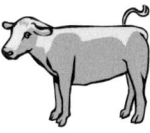

tele

子牛

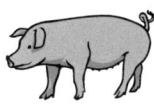

svinja

豚

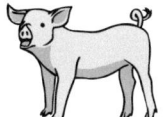

prase

子豚

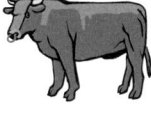

bik

雄牛

guska

ガチョウ

patka

アヒル

pile

ひよこ

kokoška

にわとり

pjetao

おんどり

pacov

ネズミ

mačka

猫

miš

ねずみ

vol

雄牛

pas

犬

pseća kućica

犬小屋

crijevo za baštu

散水ホース

kanta za zalijevanje

じょうろ

kosa

大鎌

plug

すき

srp
草刈り鎌

motika
くわ

vile
堆肥用フォーク

sjekira
斧

tačke
手押し車

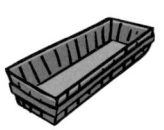

korito
かいばおけ

bokal za mlijeko
牛乳缶

vreća
袋

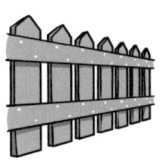

ograda
フェンス

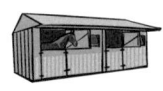

štala
畜舎

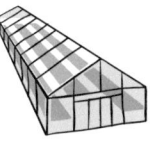

staklenik
温室

tlo
土壌

sjeme
種

đubrivo
肥料

kombajn
コンバイン

kositi

収穫する

žetva

収穫

jam korijen

ヤマイモ

pšenica

小麦

soja

大豆

krompir

じゃがいも

kukuruz

トウモロコシ

uljana repica

菜種

drvo voća

果樹

manioka

キャッサバ

žito

穀物

kuća
家

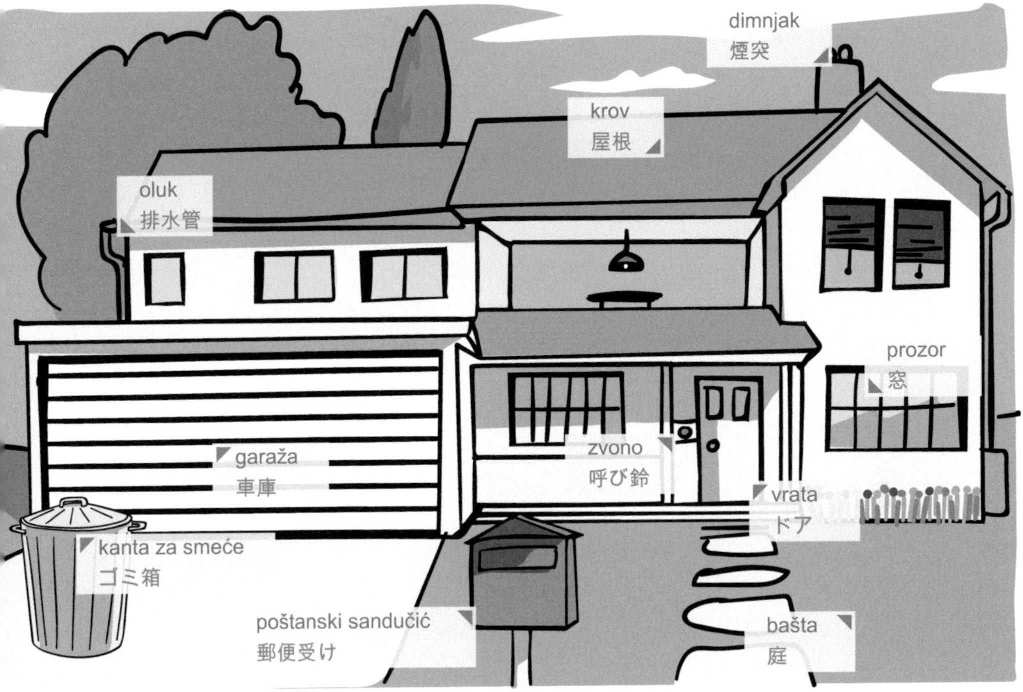

dimnjak
煙突
krov
屋根
oluk
排水管
prozor
窓
garaža
車庫
zvono
呼び鈴
vrata
ドア
kanta za smeće
ゴミ箱
poštanski sandučić
郵便受け
bašta
庭

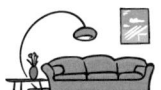

dnevni boravak

リビングルーム

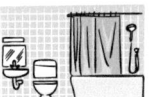

kupatilo

浴室

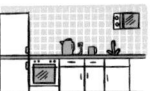

kuhinja

台所

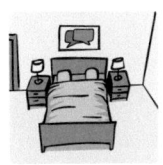

spavaća soba

寝室

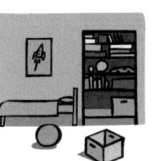

dječija soba

子供部屋

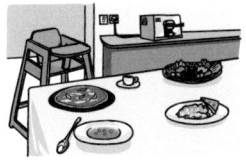

trpezarija

ダイニング· ルーム

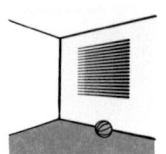

pod, tlo

床

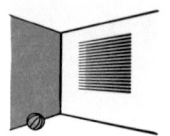

zid

壁

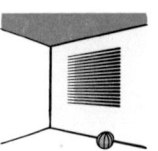

plafon

天井

podrum

地下貯蔵庫

sauna

サウナ

balkon

バルコニー

terasa

テラス

bazen

プール

kosilica

芝刈り機

posteljina

シーツ

pokrivač

ベッドカバー

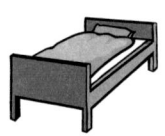

krevet

ベッド

metla

ほうき

kanta

バケツ

prekidač

スイッチ

dnevni boravak

リビングルーム

tapeta
壁紙
fotografija
絵
lampa
ランプ
polica
棚
ormar
食器棚
televizija
テレビ
dimnjak
暖炉
cvijet
花
jastuk
クッション
kauč
ソファ
vaza
花瓶
daljinski upravljač
リモコン

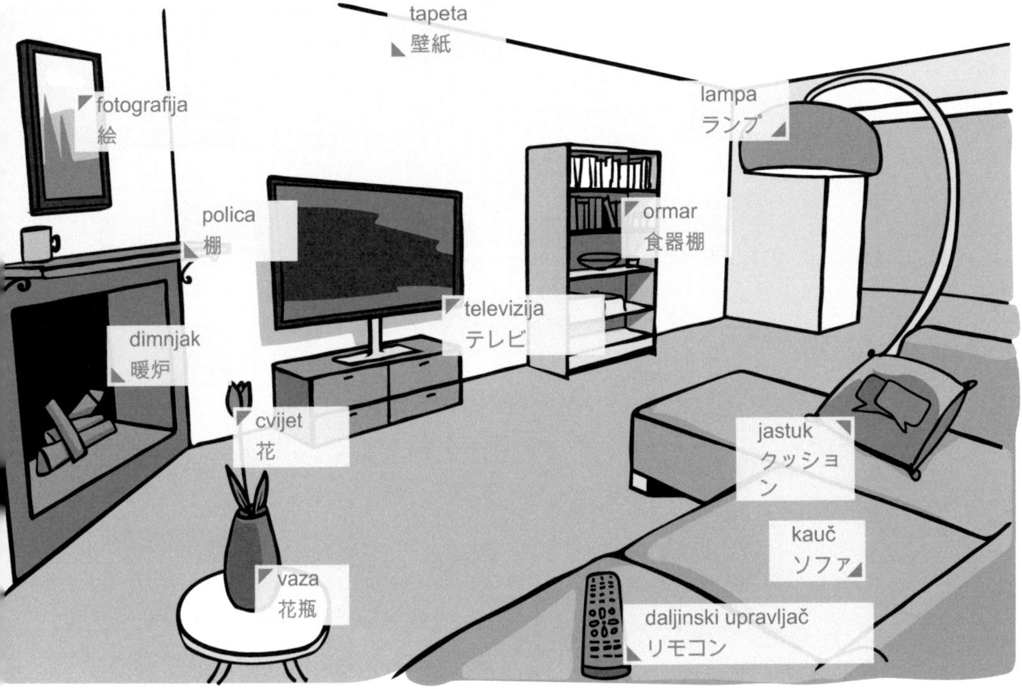

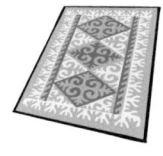

tepih

カーペット

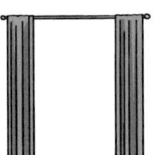

zavjesa

カーテン

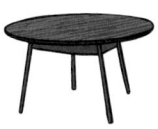

stol

テーブル

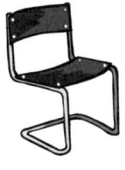

stolica

椅子

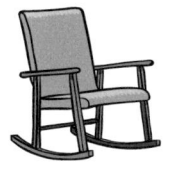

stolica za ljuljanje

ロッキングチェア

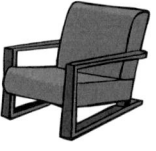

fotelja

ひじ掛け椅子

knjiga
本

deka
毛布

dekoracija
飾り

ložno drvo
たきぎ

film
映画

stereo uređaj
ステレオ

ključ
鍵

novine
新聞

umjetnička slika
絵画

poster
ポスター

radio
ラジオ

blok za bilješke
メモ帳

usisavač
掃除機

kaktus
サボテン

svijeća
ろうそく

kuhinja
台所

hladnjak
冷蔵庫
mikrovalna pećnica
電子レンジ
kuhinjska vaga
調理用はかり
toster
トースタ
ー
sredstvo za čišćenje
洗剤
rerna
オーブン
zamrzivač
冷凍室
kanta za smeće
ゴミ箱
mašina za suđe, perilica
食器洗い機

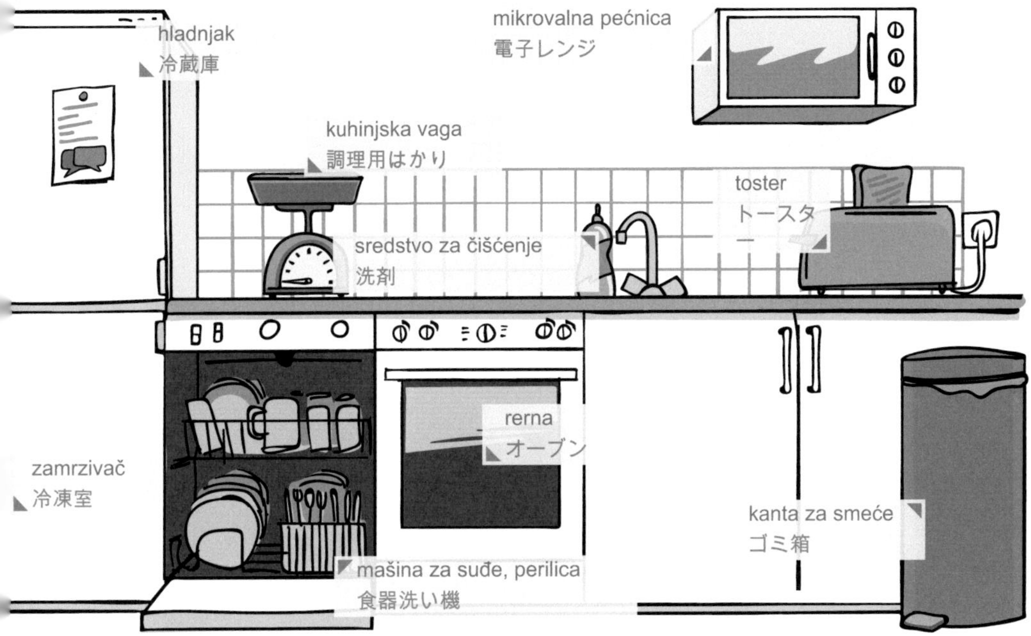

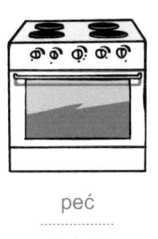

peć
こんろ

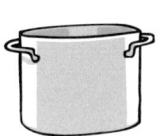

lonac
鍋

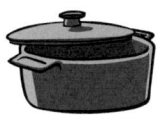

metalni lonac
鉄鍋

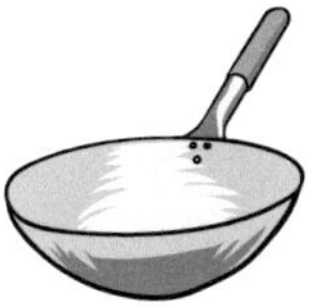

vok / kadai
中華鍋/ カダイ鍋

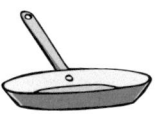

tava, tiganj
フライパン

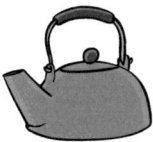

kuhalo
やかん

aparat za kuhanje na pari

蒸し器

lim za pečenje

天板

posuđe

食器

šalica

マグカップ

činija

ボウル

kineski štapići

箸

kutlača

おたま

lopatica

へら

metlica za snijeg bjelanjca

泡立て器

sito za kuhanje

こし器

sito

ふるい

ribež

すりおろし器

avan s tučkom

すり鉢

roštilj

バーベキュー

ložište

かまど

daska

まな板

oklagija

麺棒

vadičep

栓抜き

konzerva

缶

otvarač za konzerve

缶切り

krpe za lonac

鍋つかみ

sudoper

流し

četka

ブラシ

spužva

スポンジ

mikser

ミキサー

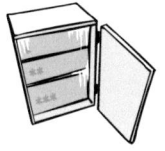

zamrzivač

冷凍庫

flašica za bebu

哺乳瓶

slavina

蛇口

kupatilo

浴室

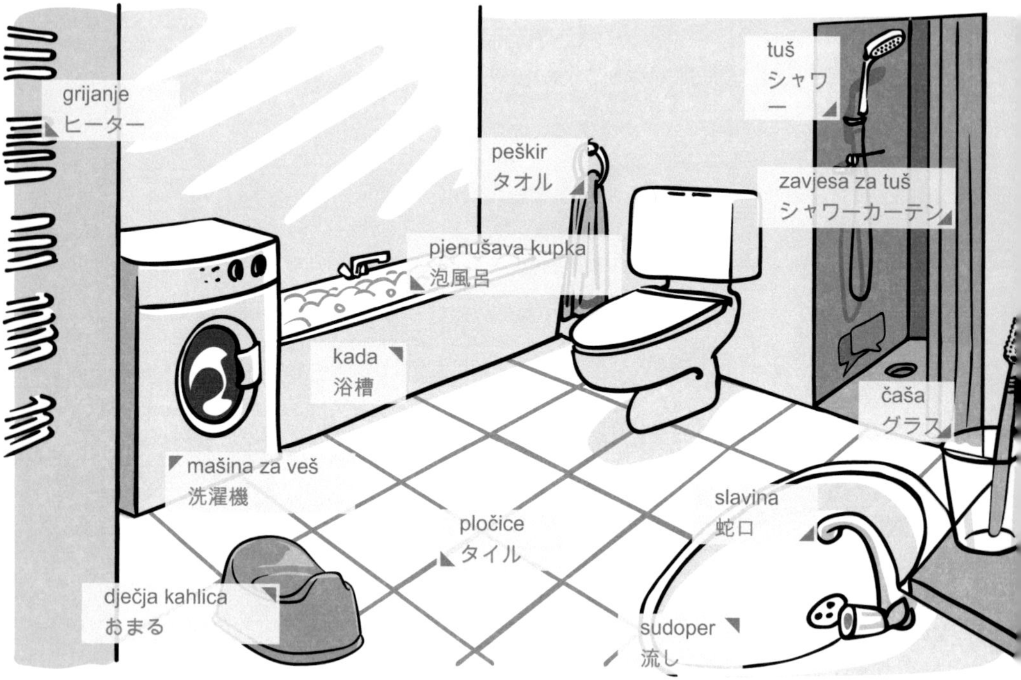

grijanje
ヒーター
peškir
タオル
tuš
シャワー
zavjesa za tuš
シャワーカーテン
pjenušava kupka
泡風呂
kada
浴槽
čaša
グラス
mašina za veš
洗濯機
slavina
蛇口
pločice
タイル
dječja kahlica
おまる
sudoper
流し

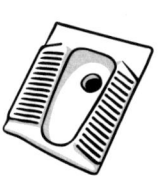

toalet

トイレ

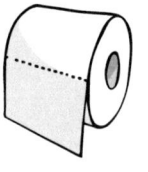

čučavac

和式トイレ

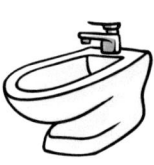

bide

ビデ

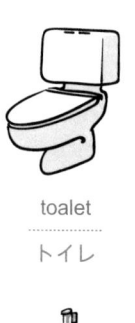

pisoar

小便器

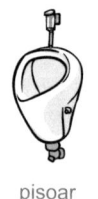

toalet papir

トイレットペーパー

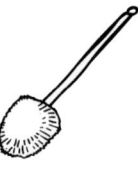

četka za wc

トイレブラシ

četkica za zube

歯ブラシ

pasta za zube

歯みがき

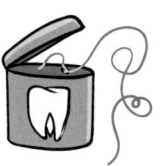

zubni konac

デンタルフロス

prati

洗う

tuš

シャワーヘッド

intimni tuš

ハンドビデ

lavor

洗面台

četka za leđa

ボディブラシ

sapun

石鹸

gel za tuširanje

シャワー用ジェル

šampon

シャンプー

krpe za pranje

浴用タオル

odvod

排水口

krema

クリーム

dezodorans

消臭

ogledalo

鏡

ogledalo za šminkanje

手鏡

brijač

かみそり

pjena za brijanje

シェービング・フォーム

vodica poslije brijanja

アフターシェーブローション

češalj

櫛

četka

ブラシ

fen

ドライヤー

sprej za kosu

ヘアスプレー

puder

化粧

karmin

口紅

lak za nokte

マニキュア

vata

脱脂綿

makazice za nokte

爪切り

parfem

香水

kozmetička torbica

洗面用具入れ

hoklica

スツール

vaga

体重計

kupaći ogrtač

バスローブ

rukavice za čišćenje

ゴム手袋

tampon

タンポン

uložak za dame

生理用ナプキン

hemijski toalet

ケミカルトイレ

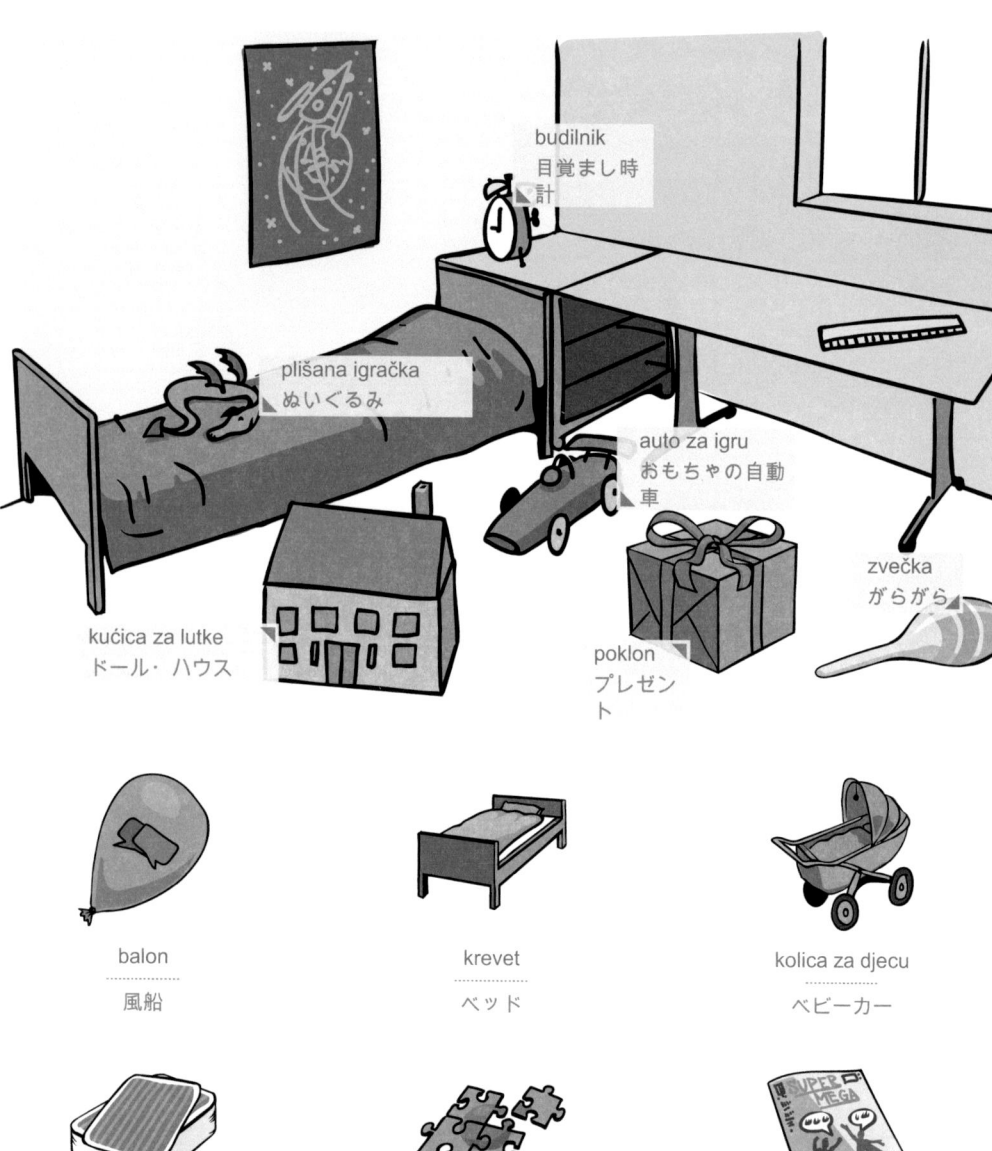

budilnik
目覚まし時計

plišana igračka
ぬいぐるみ

auto za igru
おもちゃの自動車

zvečka
がらがら

kućica za lutke
ドール・ハウス

poklon
プレゼント

balon
風船

krevet
ベッド

kolica za djecu
ベビーカー

karte za igranje
カードゲーム

puzle
ジグソーパズル

strip
漫画

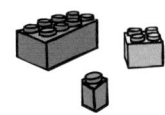

lego kockice

レゴ

kockice za gradnju

玩具ブロック

akcione figure

アクションフィギュア

benkica

ロンパース

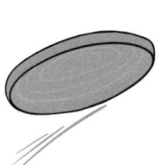

frizbi

フリスビー

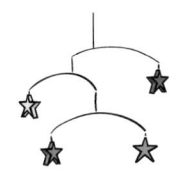

mobile

モバイル

igra na ploči

ボードゲーム

kocka

さいころ

miniatura željeznice

鉄道模型

cucla

おしゃぶり

zabava

パーティー

slikovnica

絵本

lopta

ボール

lutka

人形

igrati

遊ぶ

pješćanik

砂場

ljuljačka

ブランコ

igračke

おもちゃ

konzola za igru

ゲーム機

triciklo

三輪車

medvjedić

テディベア

ormar

衣装ダンス

odjeća

衣服

kratke čarape

靴下

čarape

ストッキング

hulahopke

タイツ

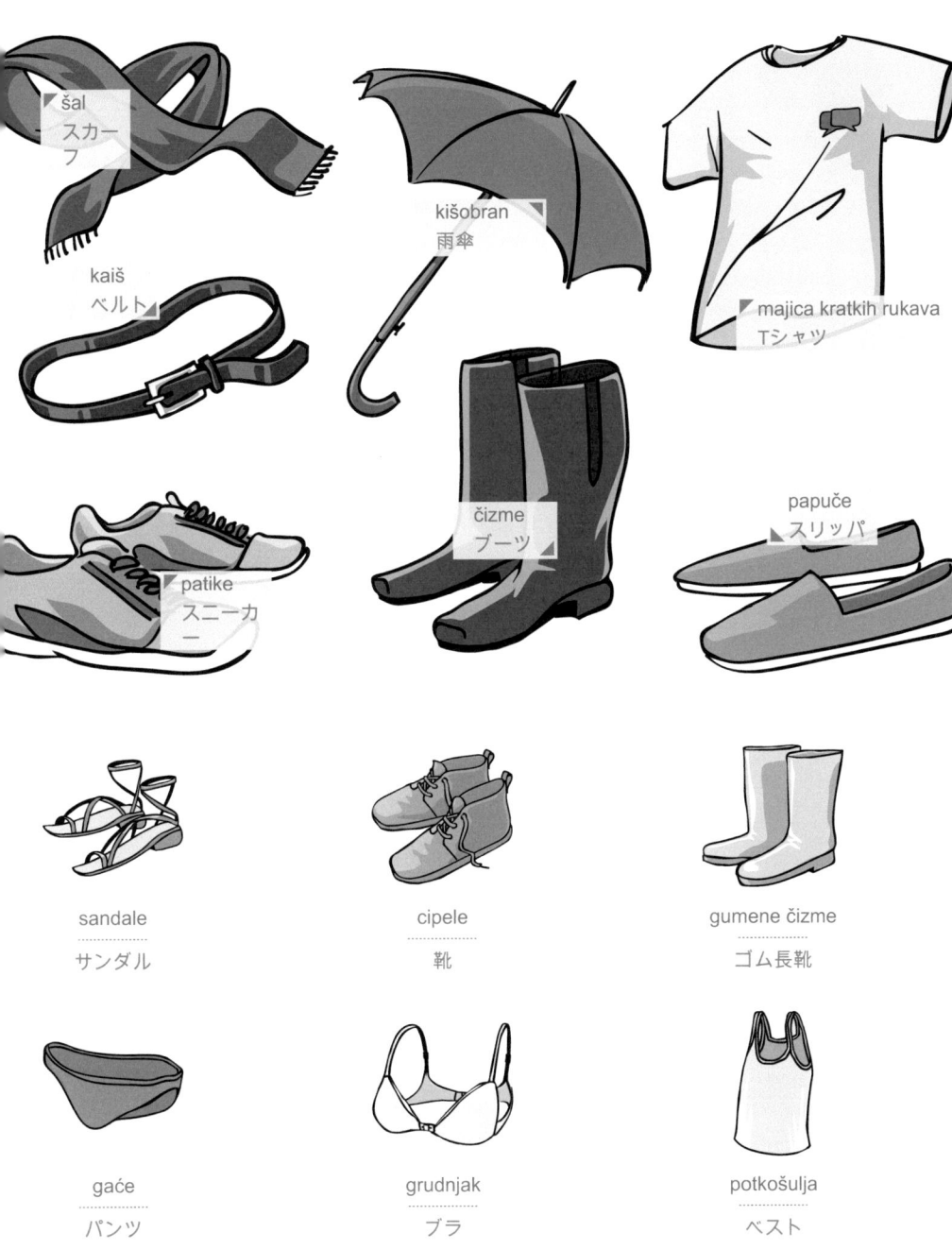

šal
スカーフ

kišobran
雨傘

majica kratkih rukava
Tシャツ

kaiš
ベルト

čizme
ブーツ

papuče
スリッパ

patike
スニーカー

sandale

サンダル

cipele

靴

gumene čizme

ゴム長靴

gaće

パンツ

grudnjak

ブラ

potkošulja

ベスト

bodi

ボディースーツ

hlače

ズボン

farmerke

ジーンズ

suknja

スカート

bluza

ブラウス

košulja

シャツ

džemper

セーター

majica

パーカー

sako

ブレザー

jakna

ジャケット

mantil

コート

kišni mantil

レインコート

kostim

服装

haljina

ドレス

vjenčanica

ウェディングドレス

odijelo

スーツ

spavaćica

ナイトガウン

pidžama

パジャマ

sari

サリー

marama

ヘッドスカーフ

turban

ターバン

burka

ブルカ

kaftan

カフタン

abaja

アバヤ

kupaći kostim

水着

kupaće gaće

トランクス

kratke hlače

半ズボン

trenerka

スウェットスーツ

pregača

エプロン

rukavice

手袋

dugme

ボタン

naočare

メガネ

narukvica

ブレスレット

ogrlica

ネックレス

prsten

指輪

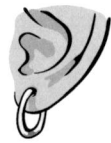

naušnica

イヤリング

kapa

帽子

vješalica

ハンガー

šešir

帽子

kravata

ネクタイ

patentni zatvarač

ファスナー

kaciga

ヘルメット

tregeri za hlače

サスペンダー

školska uniforma

制服

uniforma

ユニフォーム

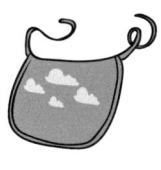

podbradak

よだれかけ

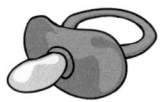

cucla

おしゃぶり

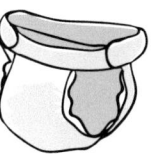

pelene

おむつ

ured

オフィス

server
サーバ
ormar za kartoteku
書類キャビネット
papir
紙
štampač
プリンター
monitor
モニター
miš
マウス
pisaći sto
事務机
registrator
フォルダー
tastatura
キーボード
korpa za papir
ごみ箱
kompjuter
コンピューター
stolica
椅子

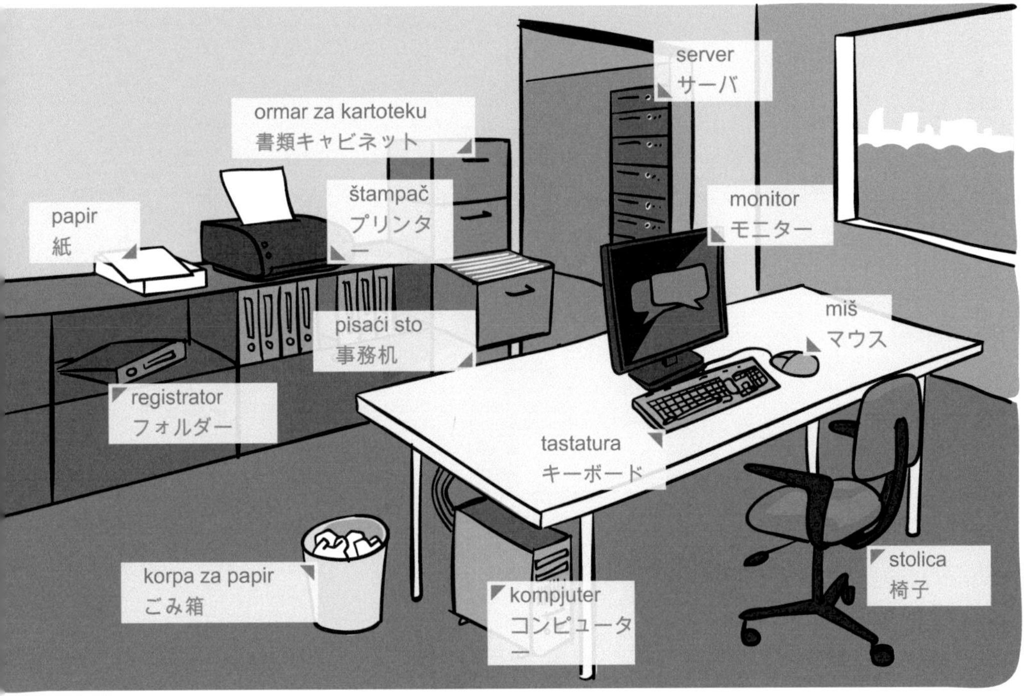

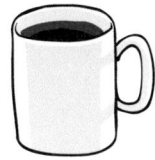

šolja za kafu

コーヒーマグ

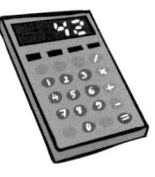

kalkulator

計算機

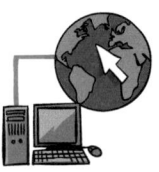

internet

インターネット

laptop

ラップトップ

pismo

手紙

poruka

メッセージ

mobilni telefon

携帯電話

mreža

ネットワーク

aparat za kopiranje

コピー機

softver

ソフトウェア

telefon

電話

utičnica

コンセント

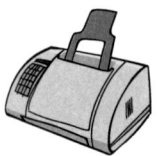

faks

ファックス

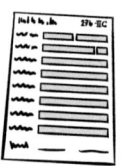

formular

フォーム

dokument

書類

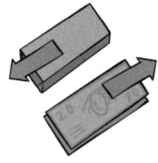

kupovati

買う

platiti

支払う

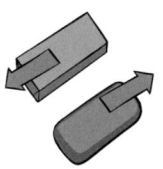

trgovati

取引する

novac

お金

dolar

ドル

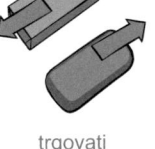 

euro

ユーロ

jen

円

rublja

ルーブル

franak

スイスフラン

renminbi jen

人民元

rupi

ルピー

bankomat

キャッシュポイント

mjenjačnica

両替所

zlato

金

srebro

銀

nafta

油

energija

エネルギー

cijena

価格

ugovor

契約

porez

税金

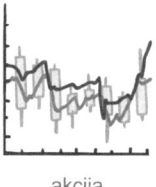

akcija

株

raditi

働く

službenik

従業員

poslodavac

雇用主

fabrika

工場

radnja

ショップ

zanimanja
職業

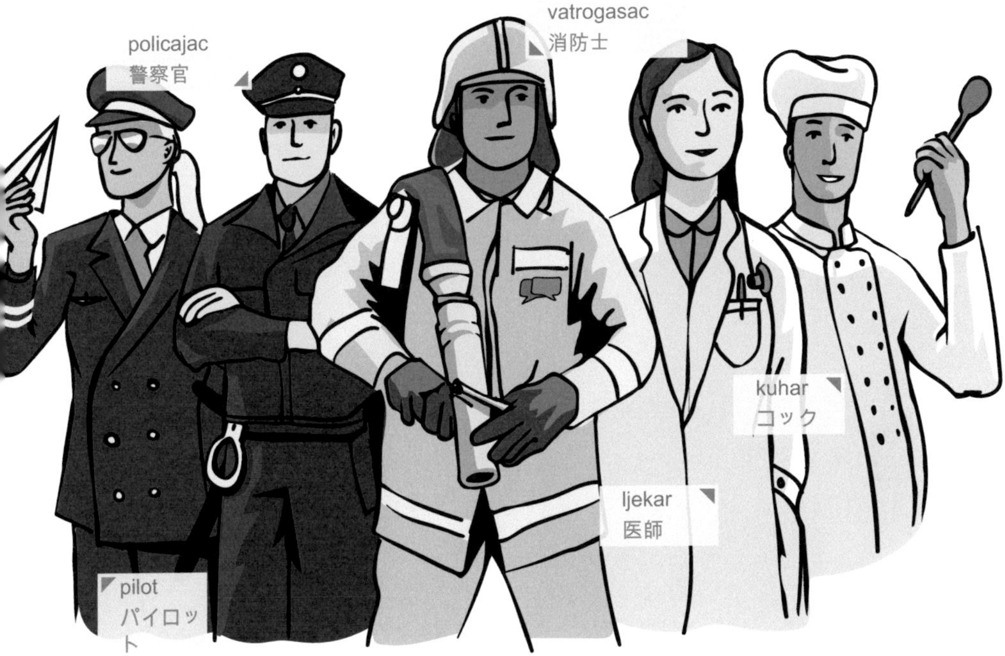

policajac
警察官
vatrogasac
消防士
kuhar
コック
ljekar
医師
pilot
パイロット

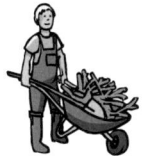

baštovan
庭師

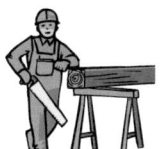

stolar
大工

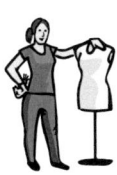

krojačica
お針子

sudija
裁判官

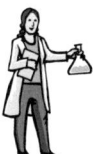

hemičar
化学者

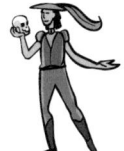

glumac
俳優

vozač autobusa

バスの運転手

vozač taksija

タクシー運転手

ribar

漁師

čistačica

掃除婦

krovopokrivač

屋根ふき職人

konobar

ウェイター

lovac

ハンター

moler

塗装工

pekar

パン屋

električar

電気工

građevinski radnik

建設作業員

inženjer

エンジニア

koljač

肉屋

limar, vodoinstalater

配管工

poštar

郵便配達人

vojnik

軍人

arhitekta

建築家

blagajnik

レジ係

cvjećar

花屋

frizer

美容師

kontrolor

車掌

mehaničar

機械工

kapiten

キャプテン

zubar

歯科医

naučnik

科学者

rabin

ラビ

imam

イスラム導師

monah

修道士

sveštenik

牧師

alat
道具

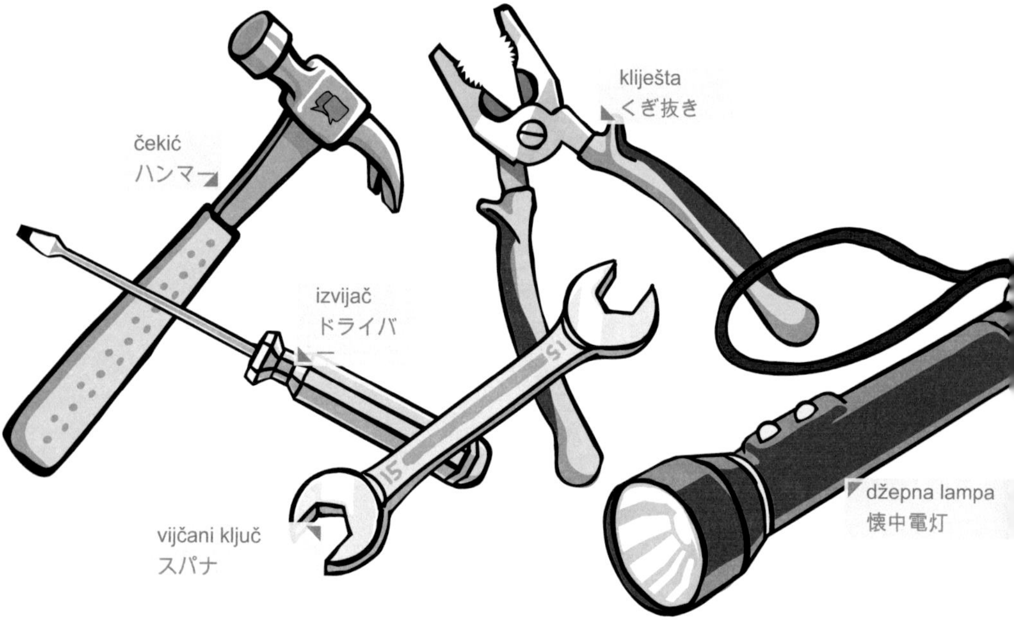
kliješta
くぎ抜き
čekić
ハンマー
izvijač
ドライバー
džepna lampa
懐中電灯
vijčani ključ
スパナ

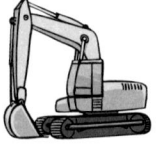

bager
掘削機

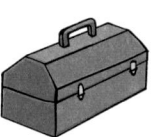

kutija sa alatom
道具箱

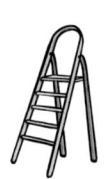

ljestve
はしご

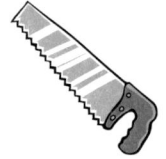

testera, pila
のこぎり

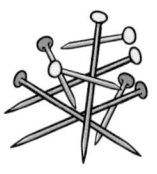

ekser
釘

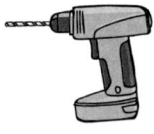

bušilica
ドリル

popraviti

修理する

lopata

シャベル

sranje!

クソ！

lopatica

ちりとり

kanta boje

ペンキ缶

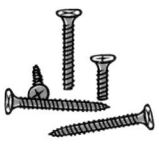

vijak

ネジ

muzički instrumenti

楽器

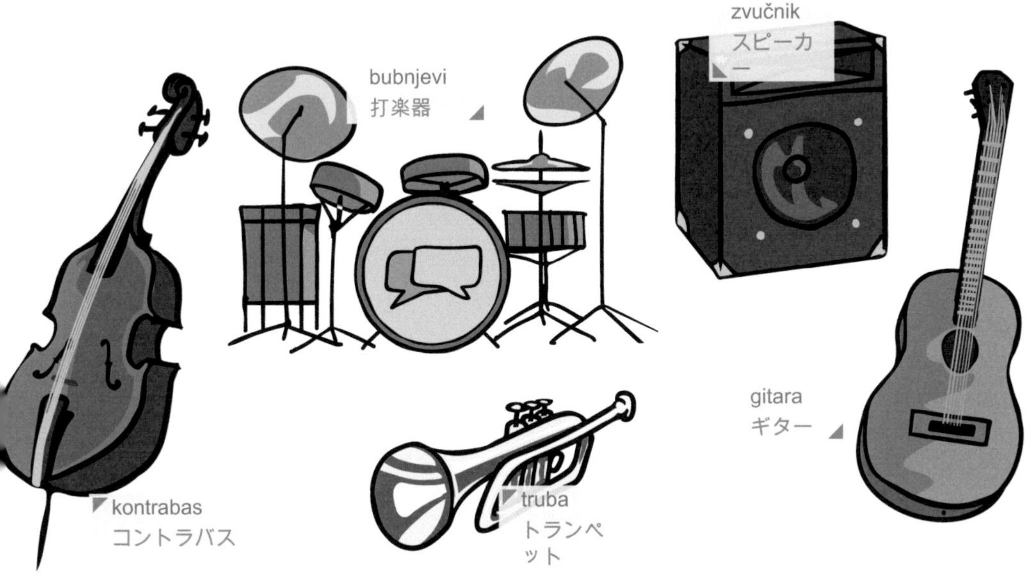

bubnjevi
打楽器

zvučnik
スピーカ
ー

kontrabas
コントラバス

truba
トランペ
ット

gitara
ギター

klavir

ピアノ

violina

バイオリン

bas

バス

bubanj timpani

ティンパニ

bubanj

ドラム

sintisajzer

キーボード

saksofon

サックス

flauta

フルート

mikrofon

マイクロフォン

zološki vrt
動物園

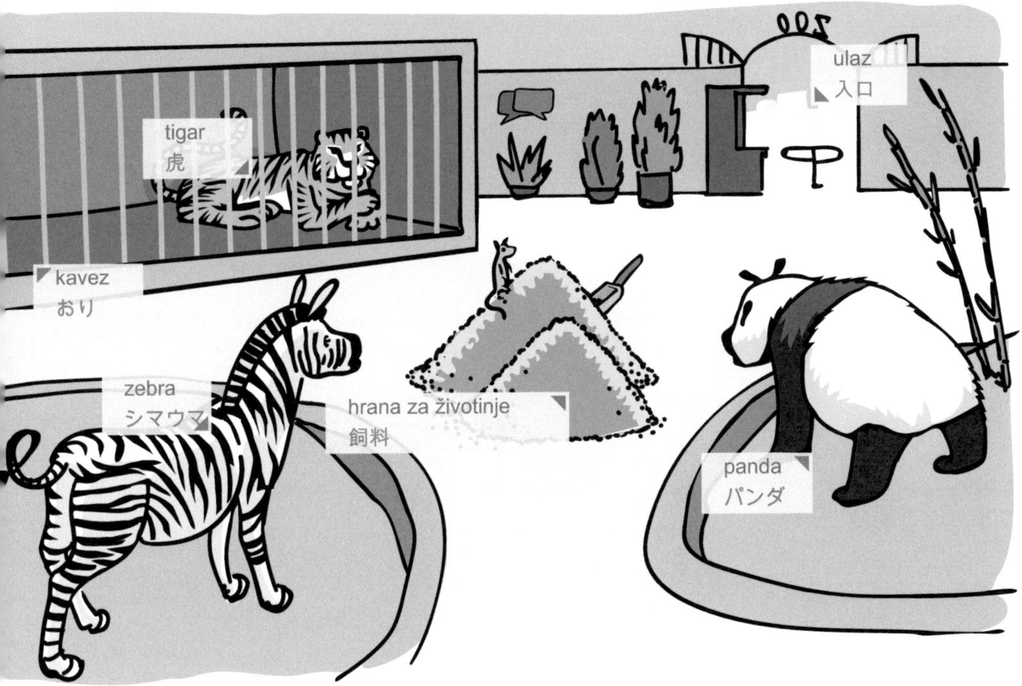
ulaz
入口
tigar
虎
kavez
おり
zebra
シマウマ
hrana za životinje
飼料
panda
パンダ

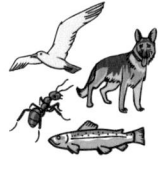

životinje
動物

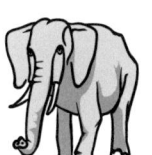

slon
象

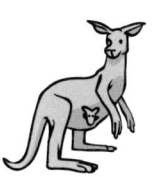

kengur
カンガルー

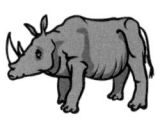

nosorog
サイ

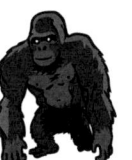

gorila
ゴリラ

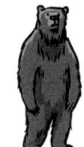

medvjed
熊

kamila

ラクダ

noj

ダチョウ

lav

ライオン

majmun

猿

flamingo

フラミンゴ

papagaj

オウム

polarni medvjed

白クマ

pingvin

ペンギン

morski pas

サメ

paun

クジャク

zmija

蛇

krokodil

ワニ

čuvar u zološkom vrtu

飼育係

tuljan

アザラシ

jaguar

ジャガー

poni

ポニー

leopard

ヒョウ

nilski konj

カバ

žirafa

キリン

orao

鷲

divlja svinja

雄豚

riba

魚

kornjača

亀

morž

セイウチ

lisica

狐

gazela

ガゼル

američki fudbal
アメフト

vožnja bicikla
サイクリング

tenis
テニス

košarka
バスケット
ボール

plivanje
水泳

boks
ボクシン
グ

hokej na ledu
アイスホッケー

fudbal
サッカー

bedminton
バドミントン

laka atletika
陸上競技

rukomet
ハンドボール

skijanje
スキー

polo
ポロ

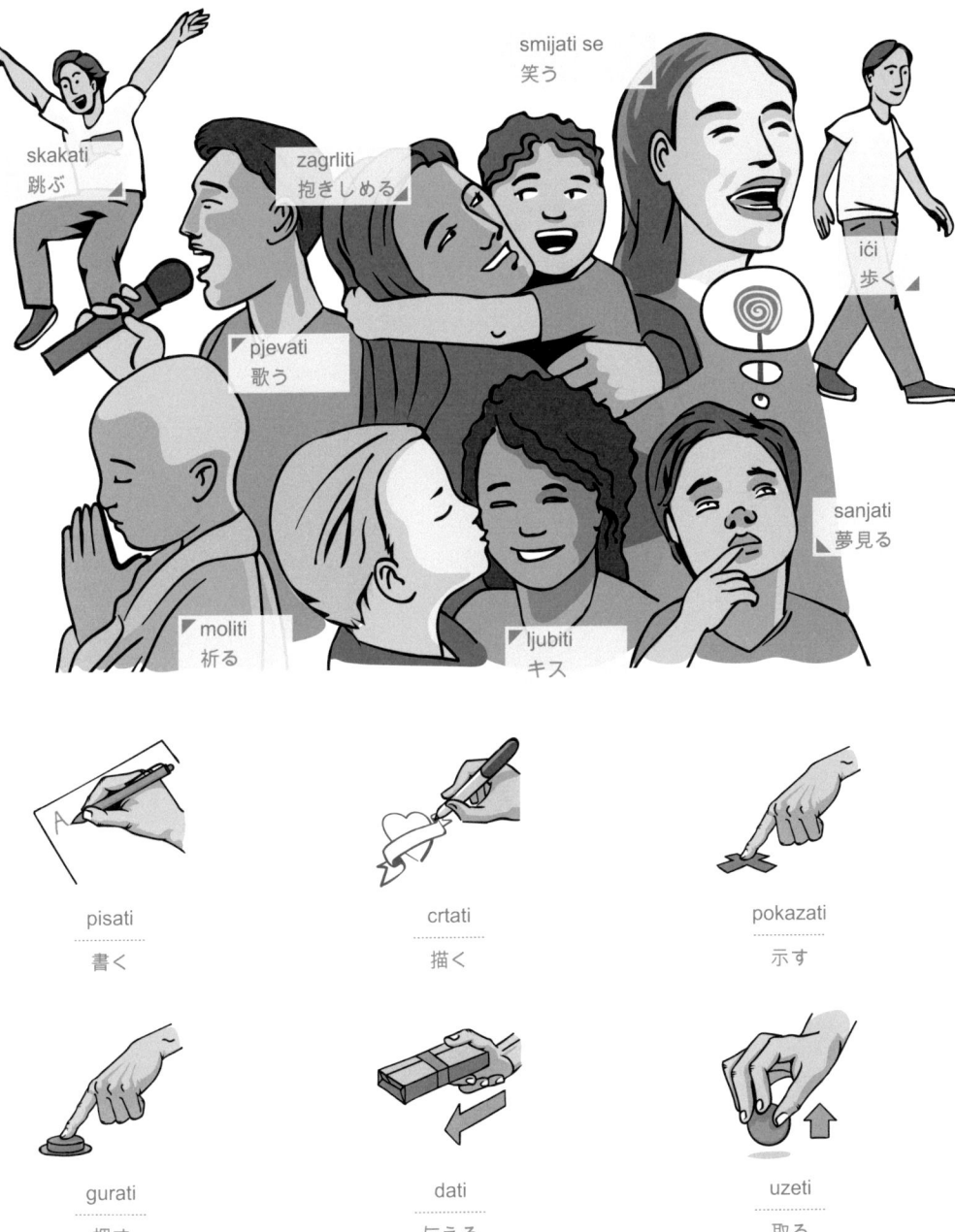

skakati
跳ぶ

smijati se
笑う

zagrliti
抱きしめる

ići
歩く

pjevati
歌う

sanjati
夢見る

moliti
祈る

ljubiti
キス

pisati
書く

crtati
描く

pokazati
示す

gurati
押す

dati
与える

uzeti
取る

imati

持っている

raditi

する

biti

ある

stajati

立つ

trčati

走る

vući

引く

baciti

投げる

pasti

落ちる

ležati

横たわっている

čekati

待つ

nositi

運ぶ

sjediti

座る

obući

着る

spavati

眠る

probuditi

目が覚める

aktivnosti - 活動

pogledati

見る

plakati

泣く

milovati

なでる

češljati

櫛ですく

govoriti

話す

razumjeti

理解する

pitati

質問する

slušati

聞く

piti

飲む

jesti

食べる

pospremiti

片づける

voljeti

愛する

kuhati

料理する

voziti

運転する

letjeti

飛ぶ

jedriti

ヨットに乗る

računati

計算する

čitati

読む

učiti

学ぶ

raditi

働く

vjenčavti

結婚する

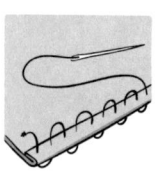

šiti

縫う

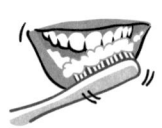

prati zube

歯を磨く

ubiti

殺す

pušiti

喫煙する

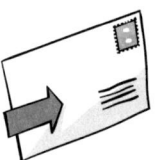

slati

送る

baka
祖母

djed
祖父

otac
父

majka
母

beba
赤ん坊

kćerka
娘

sin
息子

gost

お客様

ujna, tetka, strina

おば

ujak, tetak, stric

おじ

brat

兄弟

sestra

姉妹

tijelo
体

čelo
ひたい
oko
目
leđa
肩
prst
指
lice
顔
brada
あご
ruka, šaka
手
noga
脚
grudi
胸
ruka
腕

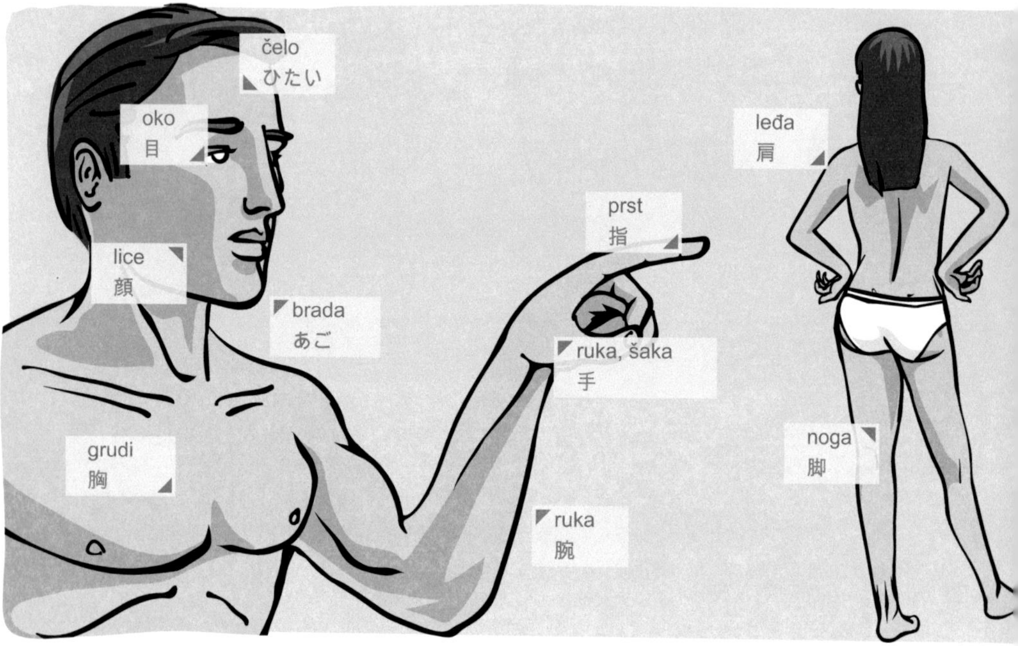

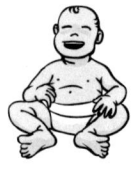

beba
赤ん坊

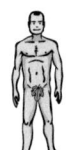

muškarac
男性

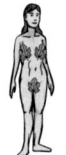

žena
女性

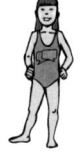

djevojčica
少女

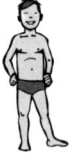

dječak
少年

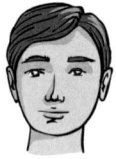

glava
頭

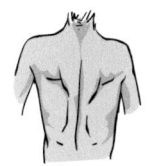

leđa

背中

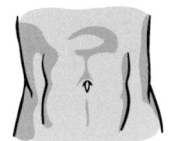

stomak

腹

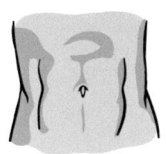

pupak

へそ

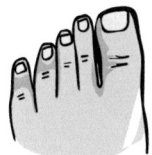

nožni prst

足指

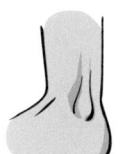

peta

かかと

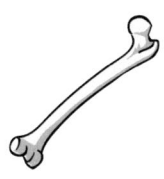

kosti

骨

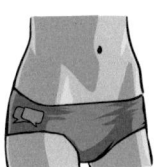

kuk

腰

koljeno

ひざ

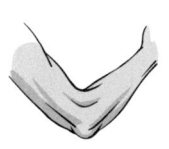

lakat

ひじ

nos

鼻

stražnjica

尻

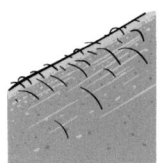

koža

皮膚

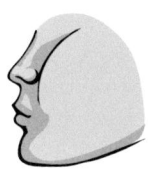

obraz

頬

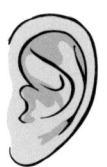

uho

耳

usna

唇

tijelo - 体

69

usta

口

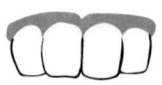

zub

歯

jezik

舌

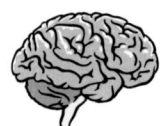

mozak

脳

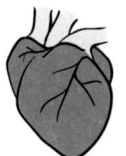

srce

心臓

mišić

筋肉

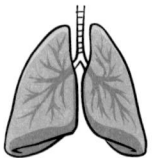

pluća

肺

jetra

肝臓

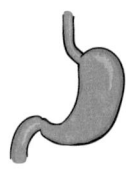

želudac

胃

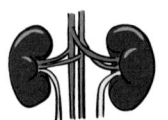

bubreg

腎臓

spolni odnos

セックス

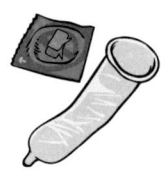

kondom

コンドーム

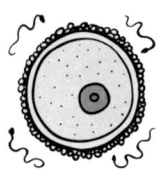

jajna ćelija

卵細胞

sperma

精液

trudnoća

妊娠

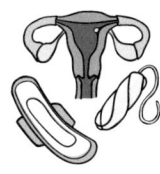

menstruacija

月経

vagina

膣

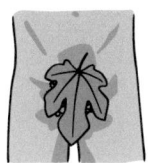

penis

ペニス

obrva

眉

kosa

髪

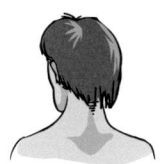

vrat

首

bolnica
病院

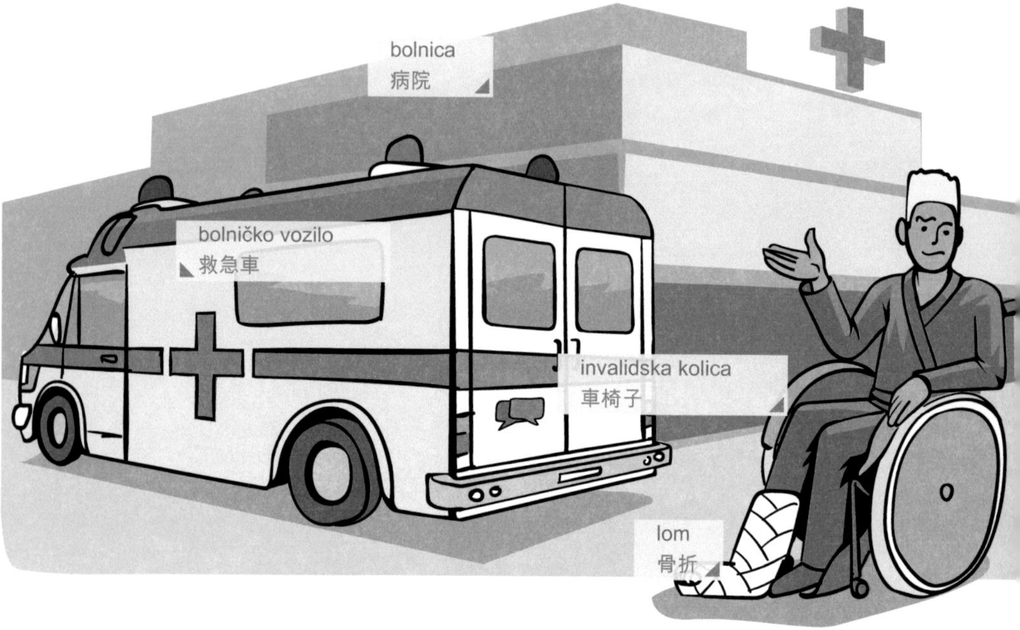

bolnica
病院
bolničko vozilo
救急車
invalidska kolica
車椅子
lom
骨折

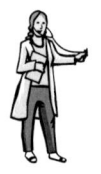

ljekar
医師

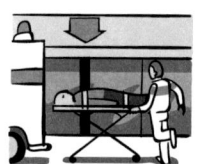

hitna služba
救急治療室

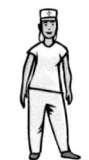

medicinska sestra
看護師

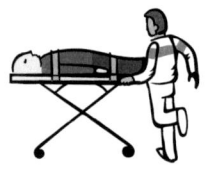

hitna pomoć
救急

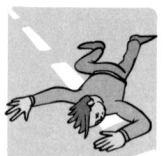

nesvjest
失神

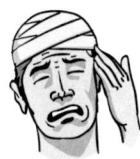

bol
痛み

povreda

けが

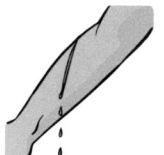

krvarenje

出血

srčani udar, infarkt

心臓発作

moždani udar

脳卒中

alergija

アレルギー

kašalj

咳

groznica

熱

gripa

インフルエンザ

proljev

下痢

glavobolja

頭痛

rak

癌

dijabetes

糖尿病

hirurg

外科医

skalpel

外科用メス

operacija

手術

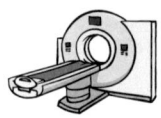

CT

CT

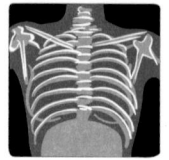

rendgen

レントゲン

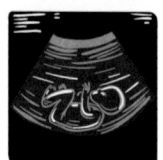

ultrazvuk

超音波

maska

マスク

bolest

病気

čekaonica

待合室

štake

松葉づえ

flaster

ばんそうこう

zavoj

包帯

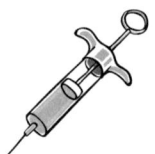

injekcija

注射

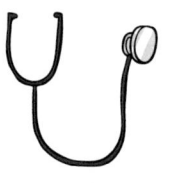

stetoskop

聴診器

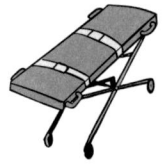

nosilo

担架

termometar

体温計

porod

出産

prekomjerna težina, debljina

肥満

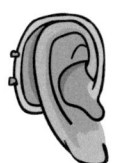

slušni aparat

補聴器

sredstvo za dezinfekciju

消毒剤

infekcija

感染

virus

ウイルス

HIV/ AIDS

HIV / エイズ

medicina

内服薬

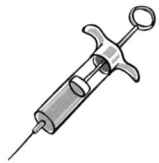

vakcinacija

予防接種

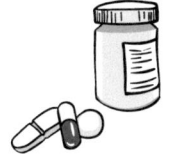

tablete

錠剤

pilula

ピル

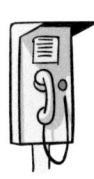

hitni poziv

緊急電話

aparat za mjerenje pritiska

血圧計

bolestan / zdrav

病気の ／ 健康な

Upomoć!

助けて！

alarm

アラーム

napad, prepad

暴行

napad

攻撃

opasnost

危険

izlaz u slučaju opasnosti

非常口

Požar!

火事だ！

vatrogasni aparat

消火器

nezgoda

事故

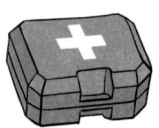

torba prve pomoći

救急箱

SOS

SOS

policija

警察

Europa

ヨーロッパ

Sjeverna Amerika

北米

Južna Amerika

南米

Afrika

アフリカ

Azija

アジア

Australija

オーストラリア

Atlantik

大西洋

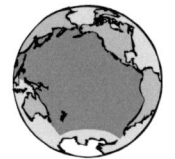

Pacifik

太平洋

Indijski okean

インド洋

Antarktički okean

南極海

Arktički okean

北極海

Sjeverni pol

北極

Južni pol

南極

Antarktik

南極大陸

Zemlja

地球

zemlja

陸

more

海

ostrvo

島

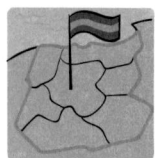

nacija

国家

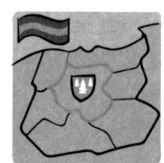

država

国家

brojčanik sata

文字盤

kazaljka sata

短針

kazaljka minute

長針

kazaljka sekunde

秒針

Koliko je sati?

何時ですか？

dan

日

vrijeme

時間

sada

現在

digitalni sat

デジタル時計

minuta

分

sat

時間

ponedjeljak
月曜

MO

TU

utorak ▶
火曜

srijeda
水曜

W

TH

četvrtak ◀
木曜

FR

petak
金曜

SA

subota
土曜

SO

nedjelja ◀
日曜

juče
昨日

danas
今日

sutra
明日

jutro
朝

podne
昼

veče
夜

MO	TU	WE	TH	FR	SA	SU
1	2	3	4	5	6	7
8	9	10	11	12	13	14
15	16	17	18	19	20	21
22	23	24	25	26	27	28
29	30	31	1	2	3	4

radni dani
営業日

MO	TU	WE	TH	FR	SA	SU
1	2	3	4	5	6	7
8	9	10	11	12	13	14
15	16	17	18	19	20	21
22	23	24	25	26	27	28
29	30	31	1	2	3	4

vikend
週末

duga
虹

kiša
雨

vjetar
風

snijeg
雪

proljeće
春

jesen
秋

ljeto
夏

zima
冬

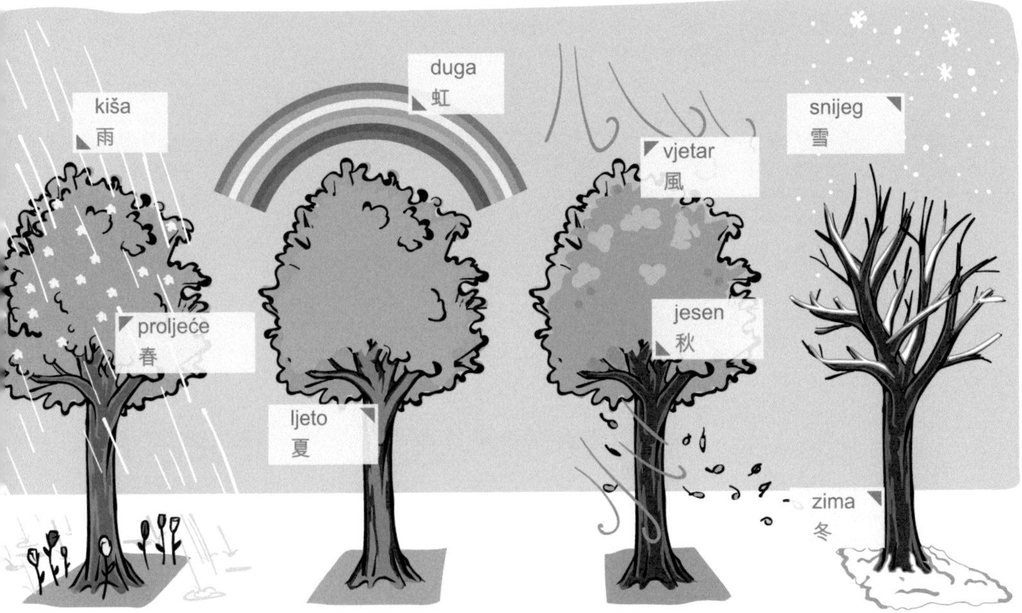

prognoza vremena

天気予報

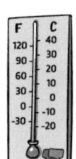

termometar

温度計

sunčev sjaj

日差し

oblak

雲

magla

霧

vlažnost vazduha

湿度

munja

雷

grom

雷

oluja

嵐

tuča, led

ひょう

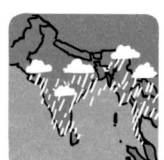

monsun

季節風

poplava

洪水

led

氷

januar

1月

februar

2月

mart

3月

april

4月

maj

5月

juni

6月

juli

7月

avgust

8月

septembar

9月

oktobar

10月

novembar

11月

decembar

12月

oblici

形

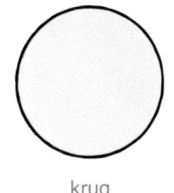

krug

円

kvadrat

正方形

pravougao

長方形

trougao

三角

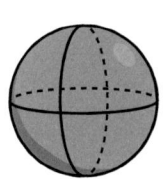

kugla

球

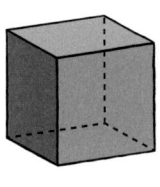

kocka

立方体

bjel

白

žut

黄

narandžast

オレンジ

pink

ピンク

crven

赤

ljubičast

紫

plav

青

zelen

緑

smeđ

茶

siv

灰色

crn

黒

malo / mnogo

多い / 少ない

ljutit / miran

怒っている /
落ち着いている

lijep / ružan

美しい / 醜い

početak / kraj

初め / 終わり

veliki / mali

大きい / 小さい

svijetlo / tamno

明るい / 暗い

brat / sestra

兄弟 / 姉妹

čist / prljav

清潔な / 汚い

potpun / nepotpun

完全な / 不完全な

dan / noć

日中 / 夜

mrtav / živ

死んだ / 生きている

široko / usko

幅広い / 狭い

ukusno / neukusno

食べられる　/
食べられない

zao / prijatan

悪意のある　/　親切な

uzbuđen / dosadan

興奮している　/
退屈している

debeo / mršav

太った　/　痩せた

najprije / najkasnije

最初に　/　最後に

prijatelj / neprijatelj

友人　/　敵

pun / prazan

いっぱいの　/　空の

trvd / mekan

硬い　/　柔らかい

težak / lagan

重い　/　軽い

glad / žeđ

空腹　/　喉の渇き

bolestan / zdrav

病気の　/　健康な

ilegalan / legalan

違法な　/　合法な

inteligentan / glup

賢い　/　愚かな

lijevo / desno

左に　/　右に

blizu / daleko

近い　/　遠い

nov / polovan

新しい / 中古の

ništa / nešto

何もない / 何かある

star / mlad

老いた / 若い

uključeno / isključeno

オン / オフ

otvoreno / zatvoreno

開いている /
閉まっている

tiho / glasno

静かな / うるさい

bogat / siromašan

裕福な / 貧乏な

tačno / pogrešno

正しい / 間違っている

hrapav / glatak

粗い / なめらか

tužan / srećan

悲しい / 幸せな

kratak / dug

短い / 長い

spor / brz

ゆっくり / 速い

mokro / suho

濡れた / 乾いた

toplo / hladno

温かい / 冷たい

rat / mir

戦争 / 平和

brojevi
数

0

nula

ゼロ

1

jedan

1

2

dva

2

3

tri

3

4

četiri

4

5

pet

5

6

šest

6

7

sedam

7

8

osam

8

9

devet

9

10

deset

10

11

jedanaest

11

12

dvanaest

12

13

trinaest

13

14

četrnaest

14

15

petnaest

15

16

šesnaest

16

17

sedamnaest

17

18

osamnaest

18

19

devetnaest

19

20

dvadeset

20

100

sto

100

1.000

hiljada

1000

1.000.000

milion

100万

engleski

英語

američki engleski

アメリカ英語

kinesko mandarinski

中国標準語

hindi

ヒンディー語

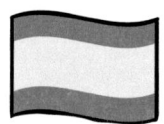

španski

スペイン語

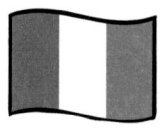

francuski

フランス語

arapski

アラビア語

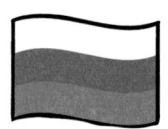

ruski

ロシア語

portugalski

ポルトガル語

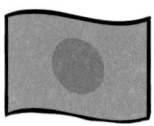

bengalski

ベンガル語

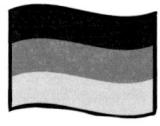

njemački

ドイツ語

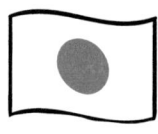

japanski

日本語

ja
私

ti
あなた

on / ona / ono
彼 ／ 彼女 ／ それ

mi
私たち

vi
あなたたち

oni
彼ら

ko?
誰？

šta?
何？

kako?
どうやって？

gdje?
どこ？

kada?
いつ？

ime
名前

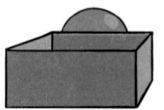

iza

後ろ

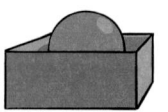

u

中

pred

前

iznad

上

na

上

ispod

下

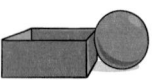

pored

横

između

間

mjesto

場所